mare

Südafrikas Küste

Jörn Vanhöfen

Texte von Zora del Buono Herausgegeben von Nikolaus Gelpke

SIMBABWE
BOTSUANA
Windhoek
NAMIBIA
MOSAMBIK
Gaborone
Pretoria
Johannesburg
Maputo
Mbabane
SWASILAND
Manguzi
MAPUTA-
LAND
RICHTERS-
VELD
Alexander Bay
KWAZULU-NATAL
Maseru
LESOTHO
Springbok
NORTHERN CAPE
SÜDAFRIKA
Durban
NAMAQUALAND
Mthatha
Port St. Johns
Atlantischer
Ozean
EASTERN CAPE
Wild Coast
WESTERN CAPE
East London
LITTLE KAROO
Port Elizabeth
Indischer
Ozean
Cape Town
(Kapstadt)
Algoa Bay
Mossel Bay
Cape of Good Hope
(Kap der Guten Hoffnung)
Cape
Agulhas
0
100
200
300 km

Vorwort

Auch bei diesem mare-Bildband stand eine Idee am Anfang. Eine Reise entlang den Küsten Südafrikas – 2500 Kilometer Wüste, Felsen, Städte und Urwälder am Meer.

Die gewaltigen, gegensätzlichen Naturlandschaften entlang zweier Ozeane waren mir aus vielen Beschreibungen bekannt. Aber wie nähert man sich den Küsten eines Landes, das zuallererst politisch wahrgenommen wird? Südafrika entwickelte sich in den Jahren seit Ende der Apartheid zum bewunderten Reiseziel. Besonders Kapstadt und die Badestrände ziehen jedes Jahr Hunderttausende an. Aber die hohe Kriminalität und die himmelschreienden sozialen Unterschiede zwischen schwarzer und weißer Bevölkerung begleiten die grandiosen Kulissen. Ein Bilderbuch der Küsten Südafrikas muss sich dieser Ambivalenz bewusst sein und sich ihr auch stellen.

Von diesem Gedanken geleitet, begann die Suche nach einer Fotografin oder einem Fotografen. Einerseits sollten sie den emotionalen Reichtum besitzen, Herz und Bauch, die es braucht, um die Landschaften in ihrer mannigfaltigen Schönheit und Wildheit wahrzunehmen und abzubilden. Andererseits war der Wille zur tief gehenden Auseinandersetzung mit der politischen und sozialen Wirklichkeit unabdingbar. Und nicht zuletzt sollten sie über die notwendige fotografische Perfektion verfügen.

Vor ungefähr zehn Jahren lernte ich Jörn Vanhöfen kennen. Damals zeigte er mir seine fotografische Arbeit über die Elbe, für eine Ausgabe der schweizerischen Zeitschrift „Du“, die allein dem europäischen Fluss gewidmet war, von der Quelle bis zur Mündung. Sein sehr persönlicher Stil, im Wesentlichen geprägt von einer bewussten Distanz und zugleich großer Emotionalität, beeindruckte mich. Eben an diese eigenständige Mischung aus kognitiver Wahrnehmung und feiner Sinnlichkeit erinnerte ich mich im vergangenen Jahr, als mir die Gedanken über einen Bilderbogen von Südafrikas Küsten durch den Kopf gingen. Vanhöfen war von der Idee sofort begeistert, und in drei Reisen durchfuhr und durchwanderte er mehr als fünf Monate lang das Land von einem Ende zum anderen, vom atlantischen Nordwesten am Rand Namibias bis an seinen äußersten Osten am Indischen Ozean, an den Übergang nach Mosambik.

Vanhöfen führt uns im fünften mare-Bildband durch lebensfeindliche Wüsten und vor Üppigkeit strotzende Küstenwälder, er dokumentiert die Narben, die ungezählte Minen in der Landschaft hinterließen, zeigt uns Kapstadt in seiner spektakulären Lage an der Grenze zweier Ozeane ebenso wie die trostlosen Townships im Hinterland.

Die Texte von Zora del Buono zu den vier Küstenregionen ergänzen Vanhöfens Bilder in kongenialer Weise. Sie wendet sich den Menschen und ihrer Geschichte zu, den Akteuren in diesen Kulissen. Und doch: Dieses Buch lässt erahnen, dass die Natur alles Menschliche überdauern wird.

Nikolaus Gelpke

Northern Cape

Aufgewühlt, umgegraben, durchkämmt. Eine auf den ersten Blick monochrom wirkende Landschaft in braunen Tönen, karg, trocken und heiß, man könnte denken, sie sei für menschliches Leben ungeeignet. Bei genauerer Betrachtung dann sind die Spuren nicht zu übersehen. Hier trieb und treibt der Mensch einen hartnäckigen Kampf mit der Natur. Der nördlichste Teil von Südafrikas Atlantikküste ist Sperrgebiet, fest in den Händen der Diamantengesellschaften, die mit ihren Maschinen diesem Küstenstrich antun, was die europäischen Siedler den Bewohnern des Landes angetan haben: Sie beuten ihn bis zum Letzten aus. Der Fluss Oranje, die natürliche Grenze zu Namibia, trug vor Jahrtausenden die wertvollen Steine an die Küste. 1926 wurde der erste Diamant am Strand von Port Nolloth gefunden, eine späte Entdeckung. 55 Jahre zuvor hatte, tief im Land, der Farmer Johannes Nicolaas de Beer auf seinem Land jenen Diamanten entdeckt, der Südafrikas Geschichte für immer verändern sollte. Ein Edelstein, der einen Boom auslöste, der massenhaft Claims absteckende Schürfer ins Land brachte, der in der weltweit führenden Minengesellschaft De Beers mündete, Schwarze in die Rolle von ungebildeten Arbeitern drängte und Kriege zwischen holländischstämmigen Buren und dem englischen Establishment hervorrief. Heute wird das Bett des Oranje aufgerissen, der Meeresboden mit riesigen Rüsseln leer gesaugt, von Weitem sieht man die Diamantenschiffe mit ihren Schläuchen, wie sie Sand, Edelsteine und Meeresgetier gleichermaßen verschlucken. Alles wird einmal, zweimal umgedreht und begutachtet, nichts entkommt, auch das Lebendige nicht. Kein Stein verlässt das Sperrgebiet unkontrolliert, die Arbeiter werden nach ihrer Schicht durchsucht und durchleuchtet, gewohnt wird in bewachten Wohnanlagen, komfortabler als einst, aber dennoch weg vom Rest der Welt; brütende Hitze am Tag, nachts die Kälte der Wüste, kaum Dämmerung, der Tag scheint nahtlos in die Nacht hinüberzufallen.

Schon vor dem ersten Diamantenfund war dieses unwirtliche Land kostbar, Kupfer war gefunden worden, Siedlungen waren gegründet worden, Springbok heißt der Ort im Hinterland, der heute vorwiegend von den Nama bewohnt wird, dem einst seminomadischen Volk, das aus den Vieh züchtenden Khoikhoi und den San hervorging. Zu erkennen sind die Nama an der Sprache, die vier Klicklaute beinhaltet. Ein Schnalzen in Abstufungen ist es, ein freundliches Geräusch, laut knackende Lebhaftigkeit. In Springbok übernachten auch die Reisenden, die zwischen Namibia und Kapstadt hin und her fahren. Kaum einer bleibt lange, zu wenig spektakulär ist das Gebiet des Northern Cape, keine kapholländische Architektur, kein Weinanbaugebiet wie weiter im Süden, von Golfplätzen zu schweigen. Es ist ein anstrengendes Leben, das die Menschen hier führen, auch den weißen Landbesitzern wird viel abgefordert. Die Farmen sind groß, Tore signalisieren die Einfahrt, selten sind sie zu sehen, die Häuser der Buren, Menschen deutscher und holländischer Abstammung, die hierhergezogen sind, um weit ab von Kapstadt und den englischen Kaufleuten ihre Weiden zu bewirtschaften. Trekburen hießen sie auch, eigenwillige Familien, die sich mit Ochsenwagen auf den Weg nach Norden gemacht haben, auf der Suche nach einem Auskommen, mit der Gewissheit, dass Gott ihnen dieses Land verheißen hat, mit dem calvinistischen Hochmut auf dem Rücken, der das Degradieren der Ureinwohner nicht nur akzeptierte, sondern geradezu verlangte. Seit 1707 nennen sie sich selbst Afrikaaner, ihre Sprache, das Afrikaans, ist eine Art ältliches Niederländisch, kehlig und dunkel. Was einst die Sprache der Mächtigen war, ist heute auch die Sprache der Abhängigen, die sich aus ihrer wirtschaftlichen Bedrängnis herauszulösen bemühen, ein Versuch, der oft auf Widerstand stößt, aber immer häufiger auch glückt.

Wüste, Steppe, Sand und spärliche Vegetation, dafür manchmal eine Hyäne, dann wieder Bergzebras, Antilopen, Klippspringer und natürlich Paviane, auf Felsen, Bäumen und Zäunen sitzend, die Umgebung überwachend. Frühmorgens halten sie ihre Bäuche der Sonne entgegen, der Sonne, die von Norden scheint. Irritationen lösen Silhouetten am Horizont aus, man könnte denken, es seien Menschen in kleinen Gruppen, die da im Wüstensand stehen, die aufrechte, schmale Pflanze heißt denn auch Halfmens, der halbe Mensch. Vereinzelte Köcherbäume vermitteln dieses spezielle Gefühl von Afrika, Skulpturen in der weiten Landschaft unter großem Himmel, ganz so, wie das Klischee es beschreibt. Ausgedörrtes Land, das Überraschungen im Detail birgt. Ein schwarzes, gepanzertes Getier, das auf sechs langen Beinen sich roboterhaft fortbewegt und dem Kannibalismus frönt, Heuschrecken und unzählige Vogelarten, die fremd, sehr fremd erscheinen.

Einmal im Jahr jedoch explodiert das braune Veld, das Land hinter dem Meer, es wird zur botanischen Sensation. Blumenmeere breiten sich aus, greifen in unterschiedlichsten Farben ineinander über, übertrumpfen sich im Überfluss. Wie lange dieser Aufbruch im Frühjahr, im August und September also, dauert, das ist nie gewiss. Ein warmer Bergwind kann die Pracht über Nacht schrumpfen lassen, dann ist das Veld wieder, was es war: eine zwischen allen Nuancen von Braun changierende archaische Landschaft.

IMMACULATE HEART OF MARY
CHIRO 1984

THE ROYAL
PIZZA & PASTA
DIAMOND HUNTERS
RESTAURANT
SPORT BAR

Alexander Baai
Oranjemund
STOP
WEALTH 4 U PTY LTD
MARINE DIAMOND MINING COMPANY
WELCOME T
WEALTH 4 U
COUNTRY
Production Office
& Shareholders Lounge

MEK DRILLING
AMSTEL LAGER
ice

MYNGEBIED
MINING AREA

Western Cape

Von Norden kommend, die Wüste noch in allen Sinnen fest verankert, eine Passhöhe, von oben dann ein Blick in die Tiefe, und es tut sich ein immer grüner werdendes Land von lieblicher Schönheit auf. Aus beinahe 100 Kilometer Entfernung ist der Tafelberg schon zu erkennen. Meile um Meile fährt man, der Berg rückt nur langsam näher, doch seine Form ist so eigenwillig, wie flach abgeschnitten, dass jeder Zweifel schwindet. Er ist es, ganz gewiss. Oft wird der Berg umhüllt von einer Wolkenschicht, die sich gemächlich über das Plateau schiebt. Tischtuch des Teufels heißt das Gebilde, und der Name geht zurück auf einen niederländischen Pfeifenliebhaber, der mit einem Fremden einen Rauchwettstreit anzettelte, den der Niederländer gewann. Nicht ahnend, dass der Fremde der Teufel persönlich war, ist der Holländer seither gefangen im Berg, und sie rauchen nach wie vor gemeinsam um die Wette, er und der Teufel.

Der Tafelberg ist für heutige Reisende eine beeindruckend anzusehende Felsformation, für die Seefahrer allerdings war er mehr: die ersehnte Landmarke auf dem Weg nach Batavia, kurz vor der Südspitze Afrikas gelegen. Von Skorbut geplagt, manchmal nur noch mit halber Mannschaft an Bord, war die Gegend um den Tafelberg ein Ort der Hoffnung, seit Mitte des 17. Jahrhunderts dann auch ein Ort der Verheißung: Obstgarten, Quelle, Weinberg und Poststation. Die Vereenigde Oostindische Compagnie (VOC) hatte 1651 in Amsterdam entschieden, dass der Kaufmann Jan van Riebeeck am Kap der Guten Hoffnung eine Versorgungsstation für Schiffe aufbauen sollte. Den mächtigen Herren in Amsterdam ging es nicht um Landbesetzung, eine weitere Kolonie war nicht geplant. Van Riebeeck und seine Leute sollten mit den ansässigen Khoikhoi einen friedlichen Umgang pflegen und einen Garten anlegen. Van Riebeeck reiste an, samt Frau und Sohn, und schon eine Woche später begann er eine Befestigungsanlage zu bauen, gegen Norden, man könnte sagen, gegen den ganzen afrikanischen Kontinent. Die Entwicklung verselbstständigte sich im Lauf der Jahre, von der Compagnie entlassene Angestellte gründeten Farmen, Free Burgher nannten sie sich. Deutsche und Holländer waren es, sie handelten mit den Khoikhoi, und manch einer heiratete eine Khoikhoi-Frau. Sie verkauften Ware an die Seeleute, holten kräftige Frauen aus Europa, bald stießen französische Hugenotten dazu, eine neue Gesellschaft bildete sich, ihr vorherrschender Glaube war der Calvinismus. Nach Streitereien mit der VOC und ersten Kämpfen mit den Khoikhoi verhärteten sich die Fronten zusehends, und einige der Free Burgher zogen Richtung Norden, Familien, Angestellte und Sklaven im Schlepptau. Die VOC hatte schon früh Sklaven eingeführt, aus Indonesien,

Madagaskar, Indien und Ostafrika wurden sie geholt, erst die Engländer schafften 1807 die Sklaverei wieder ab, ganz und gar nicht mit dem Einverständnis der Buren, wie die holländisch- und deutschstämmigen Farmer sich nannten. Es ist diese Mischung aus Menschen und Kulturen, aus Macht und Abhängigkeit, die auch heute noch die Kapregion prägt. Die womöglich schönste Stadt der Welt präsentiert sich im rot leuchtenden Abendlicht geradezu paradiesisch. Eine üppige Vegetation, blühende Gärten, bunte, aneinandergedrängte Häuser im muslimischen Viertel Bo-Kaap, modernistische Villen auf Felsen am Meer, burleske Architekturen, die sich die Berge entlangschmiegen, Vogelgezwitscher und laue Luft, der Tafelberg und das Meer immer als Kulissen – Kapstadt ist ein Traum. Ein Traum für die einen. Für die anderen, die unten in der Ebene, die schwarzen Südafrikaner, die Einwanderer und Flüchtlinge aus Simbabwe und Mosambik, für all jene, die von Geburt an nicht privilegiert sind, sieht die Realität anders aus. Khayelitsha heißt die drittgrößte Township Südafrikas, die rund eineinhalb Millionen Menschen Heimat ist, Neue Heimat bedeutet der Name Khayelitsha denn auch. 1950 wurde der Group Areas Act erlassen, ein Verbot für Schwarze, in den Städten zu wohnen, es begann die totale Zersplitterung Südafrikas. Khayelitsha ist das Ergebnis, und jeder Reisende kann es sehen. Über Kilometer erstreckt sich die Siedlung aus Karton und Blech. Neuerdings werden Häuser aus Stein gebaut, die Regierung hilft mit, es gibt jetzt Strom, doch das Elend verkleinert sich nicht wirklich, denn zu viele Menschen strömen hierher. Die Townships sind Kosmen für sich, mit Läden, Kneipen, Treffpunkten, mit einem Alltagsleben und eigenen Sprachen, in Khayelitsha wird vorwiegend Xhosa gesprochen. Die Abendsonne leuchtet auch über der Township, wenigstens sie ist gerecht. In der Innenstadt, an der Waterfront, staunen Touristen und andere erfolgreiche Menschen derweil, wie die Sonne im Ozean versinkt. Eine kleine Insel liegt vor ihnen im Meer, Robben Island. In dem Inselgefängnis saß 18 Jahre lang der berühmteste Mann Südafrikas ein. Nelson Mandela und Robben Island sind untrennbar miteinander verbunden.

Die Spitze des Kaps lässt die Geschichte immer wieder vergessen, zu gewaltig ist die Landschaft, zu vielfältig die Vegetation, zu dramatisch die Küste. Auch die kleinen Küstenstädte an der Garden Route und das fruchtbare Hinterland sind so pittoresk, die Weinberge und die kapholländische Architektur so schwungvoll und lieblich, dass alle Nachdenklichkeit für einen Moment verloren geht – wie lange der Moment anhält, es liegt im Auge des Betrachters.

TOILETS
Drink!

1088

Nokulunga
Cash Store
HUNTER'S
GOLD
SPAZA SHOP
Coke

Eastern Cape

Beinahe hätten sie es geschafft, die Großwildjäger, die gierigen, die Lust am Töten hatten und denen nicht nur das Elfenbein verlockend war. Beinahe hätten sie alles ausgerottet, was an diesem vor Fülle strotzenden Küstenstrich durch die Wälder, die Savanne, durch den Fynbos gestreift ist, Büffel, Raubkatzen, Elefanten und andere wilde Tiere. Gewisse Eckdaten gibt es sogar. 1849 kam der letzte Löwe vor die Flinte, 1853 das letzte Nashorn. Auch heute sind sie anzutreffen, im Flugzeug nach Südafrika und Namibia sitzen sie, die geputzten Gewehre im Frachtraum deponiert, all die Jäger aus Deutschland und Amerika, aus Italien und England, manche tragen schon auf dem Weg nach Afrika Weidmannskleidung. Die erlegten Tiere werden präpariert und ausgestopft, ein ganzes Gewerbe ist entstanden; exotische Trophäen, deren gläsern glotzende Augen von den heimischen Wänden auf die Schützen starren werden. Kontrolliert geht die Jagd in eingezäunten Farmen mittlerweile vonstatten, das war nicht immer so. Als nur noch ein halbes Dutzend Elefanten übrig geblieben war, haben weise Menschen 1931 den Addo Elephant National Park gegründet. Tiere wurden ausgewildert, der Bestand hat sich erholt, gut 300 Elefanten gibt es heute. Flusspferde, Löwen und Geparden, Giraffen, Spitzmaulnashörner, alles lebt hier und kann beobachtet werden.

Neben all dem tierischen Idyll: Eastern Cape ist eine seltsam getrennte Welt. Die Rundhütten auf dem Land, von Eseln gezogene Karren, die eingezäunten Maisfelder und Ziegenherden der Schwarzen lassen Bilder vom Leben vor der Kolonisation aufblitzen; auf der Gegenseite die eingezäunten Retortensiedlungen der Weißen. Sie erinnern an Disneyland und erzeugen eine Art synthetisches Leben, das gezeichnet ist von Angst. Angst, dass ihnen etwas weggenommen werden könnte, Angst vor Gewalt und Rache, Angst davor, dass die Sünden der Vergangenheit sie nun einholen. Grahamstown ist eine viktorianische Kleinstadt, mehr als 40 Kirchen beherbergt sie, was müssen sie gläubig gewesen sein, die Engländer. Gegen den Widerstand der ansässigen Xhosa wurde die Stadt 1812 erbaut, die Xhosa waren den überlegenen Waffen der Europäer nicht gewachsen. Dem Volk der Xhosa entstammt auch Nelson Mandela. Den erbitterten und über Jahrzehnte vergeblichen Kampf gegen die Übermacht der Fremden hat er von Kind an mitbekommen. Die Engländer begannen schon bald nach der Gründung von Grahamstown, die Xhosa in Gebiete weit außerhalb der Stadt abzudrängen, Areale, die später Homelands genannt wurden: Ciskei, diesseits des Flusses Kei, und Transkei, jenseits des Flusses. Die räumliche Trennung von

Schwarz, Farbig und Weiß war eine der sieben Säulen, auf denen die staatliche Apartheid aufbauen sollte. Andere Säulen: schärfere Definition von Rasse, die in obsessiver Katalogisierung von Hautschattierungen ausartete; exklusive weiße Teilhabe an politischen Institutionen; schließlich der Eingriff in die Privatheit, Trennung des täglichen Lebens, Parkbänke für Weiße, Bürgersteige für Weiße, Toiletten für Weiße, das Verbot von sexuellen Verbindungen zwischen Schwarz und Weiß. Bis weit in die achtziger Jahre des 20. Jahrhunderts galten die Regeln. Südafrika hat sich von diesen Eingriffen noch nicht erholt.

Wild Coast nennt sich die Küste östlich der viktorianischen Städte. Von purer Schönheit ist diese Gegend, die Reisende, deren Sinne sich nach Afrika sehnen, verzückt, Verängstigte aber verschreckt, sie ist roh, wild, von europäischen Händen kaum berührt. Stammespolitik spielt nach wie vor eine große Rolle, kulturell ist die Gegend autark, die Xhosa verwalten das Gebiet selbst, die Transkei hat eine bewundernswert starke Identität. Weiße wohnen im ehemaligen Homeland kaum, manche haben sich hierher gewagt, die eine oder andere Lodge erbaut, aber viele sind es nicht.

Die Namen der Buchten erinnern an Episoden der Geschichte, daran, wie viele Schiffe auf dem Weg von Europa nach Asien um das Kap und entlang dieser Küste fahren mussten. Die Coffee Bay zum Beispiel. 1863 strandete hier ein Handelsschiff, Wellen spülten die Ladung an Land, und die Kaffeebohnen begannen zu keimen, denn es ist ein fruchtbarer Boden. An einer Stelle führt gar ein Urwald bis ans Meer hinunter, Flüsse durchziehen die Wälder, Wasserfälle stürzen in den Indischen Ozean, ein fünf Kilometer breiter und 500 Meter tiefer Canyon durchzieht das Gebiet, ein gewaltiger Schauplatz der Natur. Frühmorgens und vor Sonnenuntergang sind all die Rufe, Schreie, das Gezirpe und Gezwitscher zu hören, von Tieren, die man kaum zu Gesicht bekommt, die einen klingen bedrohlich, die anderen verlockend.

Botaniker und Zoologen geraten in Euphorie in dieser Weltgegend, es gibt neue Arten zu entdecken, immer noch. Auch 1938 war die forschende Welt vor Ort in einen kollektiven Rausch verfallen, als ein Quastenflosser in einem Fischernetz entdeckt wurde, keine Versteinerung, sondern lebend. Dieses Urtier, von dem die Wissenschaft angenommen hatte, dass es längst in die Schublade der ausgestorbenen Wesen gehöre, ist heute im Museum von East London zu finden. Tot zwar, aber auch ein toter Knochenfisch ist eine Sensation.

BROADWAY/ FREEWAY
CASH & CARRY
S

NOMPILO SUPERMARKET
THE HOTTEST HOT COLD FIGHTER
MED-LEMON
KHULULEKA HYPER
Khululeka
FURNISHERS
AFRIKA BOTTLE STORE
BOTTLE STORE
SHALOM SUPERMARKET
CASTLE LAGER
TACKY

KwaZulu-Natal

KwaZulu und Natal, die Namen jener östlichsten Provinz, die an der Grenze zu Mosambik endet, beinhalten so vieles. Das Land der Zulu ist es zum einen. Die Zulu sind eines der beiden größten Völker Südafrikas und dominieren nicht nur zahlenmäßig diese Gegend, auch kulturell sind sie eigenständig, einen eigenen König haben sie gar. Schon an ihrem Handschlag sind sie zu erkennen, ein Spiel mit dem Daumen ist es, hin und her, in irrwitziger Geschwindigkeit. An die portugiesischen Seefahrer erinnert der zweite Teil des Provinznamens zum anderen. Weihnachten 1497 hatte Vasco da Gama die Bucht entdeckt und sie danach benannt, Natal also. Er ist weitergesegelt damals, mit dem Auftrag, den Seeweg nach Indien zu finden, erst das Land hinter Südafrika sollte einmal Portugals Kolonie werden. So ist Südafrika eine Melange aus Ursprünglichem und Fremdem, das ganze Leben ist ein permanenter Tanz und Kampf zwischen Schwarz und Weiß, auch in KwaZulu-Natal ist das wieder zu spüren.

Es ist aber auch eine Küste der positiven Superlative. Die ältesten Tiere der Welt leben hier, die größten Tiere sowieso, im Wasser wie auch an Land, 650 Kilogramm schwere Schildkröten etwa. Der Golfstrom ermöglicht eine Artenvielfalt, die staunen macht. Ornithologen lieben das Land, 420 Vogelarten haben sie gezählt. Taucher lieben das Wasser des Indischen Ozeans, glasklar ist es, und Fische in schillernden Farben gibt es hier so viele wie sonst nur in den australischen Riffen. Auch die Holzindustrie weiß diesen fruchtbaren Landstrich zu schätzen. Eukalyptusbäume schießen in einem Tempo in den Himmel, das naturwidrig zu sein scheint. Naturwidrig ist allerdings ihr Standort, denn eigentlich kommt Eukalyptus im südlichen Afrika nicht vor. Die Plantagen sind ein Problem, zu viel Wasser brauchen die Bäume, ihre Wurzeln saugen die Erde aus. Das begehrte Holz ist für den schnellen Profit geeignet, die ökologischen Schäden aber dürften folgenschwer sein.

In dieser vor Üppigkeit strotzenden Provinz liegt auch die drittgrößte Stadt Südafrikas, nicht so pittoresk wie Kapstadt, nicht politisch bedeutend wie Johannesburg, aber dafür mit dem wichtigsten Hafen Afrikas ausgezeichnet. Durban ist potenter Handelsplatz zwischen Asien, Europa und dem afrikanischen Kontinent. Autos werden von hier aus in alle afrikanischen Länder verteilt, Mineralien und Holz exportiert, chinesische Billigwaren importiert, manchmal auch Waffen umgeschlagen, legale und illegale Ladungen, das Geschäft floriert. Die tropisch anmutende Metropole hat sich der hügeligen Topografie unterworfen, hat sich an das dichte Grün geschmiegt, die Hügel hoch zieht sich die Bebauung und lässt Blicke auf den Indischen Ozean zu, die den

Atem rauben. Durban strahlt ein energiegeladenes, zugleich genießerisches Lebensgefühl aus. Die Strandfront mit restaurierten Hotels zeugt von dem Willen nach Vergnügen, Haifischnetze weit draußen im Wasser schützen vor Übermut.

Doch etwas ist anders als im restlichen Südafrika, und angesichts der Zulumänner, die sich als Rikschafahrer betätigen, wird bald schon klar: Es ist ein fernes Land jenseits des Ozeans, das diese Stadt geprägt hat, denn Rikschas kannte man in Afrika nicht, sie kommen von anderswoher. Rund eine Million Inder leben hier, sie machen knapp ein Sechstel der Bevölkerung KwaZulu-Natals aus. Zu Apartheidzeiten wurden sie als Coloureds klassifiziert und somit degradiert, heute sind die Inder neben den vorwiegend englischstämmigen Weißen die Elite der Stadt. Legendär sind ihre Partys, es ist eine geschlossene Gesellschaft, geheiratet wird untereinander, gewohnt in der Nachbarschaft neben seinesgleichen. Nicht im ganzen Land geht es den Indern so gut wie hier, aber in Durban haben sie es geschafft. Das war nicht immer so, und wäre im Jahr 1893 nicht ein junger indischer Rechtsanwalt aus rassistischen Gründen von einem weißen Schaffner aus dem Eisenbahnabteil auf dem Weg von Pretoria nach Durban geworfen worden, wer weiß, die Geschichte zweier Länder hätte sich anders entwickelt. Als der indische Anwalt ins Land kam, arbeiteten seine unterbezahlten Landsleute bereits seit drei Jahrzehnten hier, Tag für Tag auf den Zuckerrohrplantagen, in dieser Hitze. Sie waren Immigranten aus den niedersten Kasten, den englischen Herren zu Diensten. Die hatten vergeblich versucht, die Zulu zur Landarbeit zu bewegen, denn körperliche Arbeit galt den Einheimischen als unschicklich für Männer, sie lag in Frauenhand. Aber Frauen aufs Land zu schicken, das ging den Engländern denn doch zu weit, und die billigen indischen Kräfte kamen zur rechten Zeit. Das bittere Ereignis in der Eisenbahn war für den gedemütigten Jüngling aus Indien der Auslöser einer Verwandlung. Es machte aus dem 24-jährigen Anwalt Mohandas Karamchand Gandhi den großen Mahatma Gandhi, der fortan einen gewaltlosen Kampf für die Unterdrückten focht. Allerdings nur für die geknechteten Inder und nicht für die Schwarzen, was seinen Ruf in Südafrika nicht ungetrübt ließ, er ist hier nur ein halber Held. Nelson Mandela wollte einst den Weg Gandhis gehen, den friedlichen, den unbewaffneten. Doch die Widerstände waren zu stark. Mandelas Kampf wurde ein anderer. Das Ergebnis lässt hoffen. Diesem großartigen Land voller Schönheit und Kraft sei gewünscht, dass sich in Zukunft erfüllt, wozu es sich selbst erklärt hat: eine friedfertige Regenbogennation zu sein.

SALE.
CELLPHONE
It's not dirt.
It's a gold
medalist.
OMO
dirt is good
ABC
NOKIA
Ola
DOX

PC TRAINING & BUSINESS COLLEGE

WEST STR
FIELD ST

MSC ROBERTA
PANAMA
MSC
90

SINGAPORE
PIL
nds

Appendix

2 150 Meter über dem Meer und zehn Kilometer lang zieht sich Chapman's Peak Drive, eine der aufregendsten Corniches der Welt, entlang der Kaphalbinsel. Sieben Jahre, von 1915 bis 1922, arbeiteten sich 700 Sträflinge durch den Fels. Weltbekannt ist die Straße durch Autowerbespots, die hier häufig gedreht werden.

8 & 9 Die sanfte Kühle des Abends lockt die Paviane, Bergzebras und Füchse aus den Bergen, um sich am Fluss zu erfrischen – womöglich bestaunen sie auch die Aufführung des Sonnenuntergangs.

12 Verlassene Wachhäuser und Hundezwinger zeugen vom stetigen Auf und Ab der Geschäfte mit den Diamanten.

13 Nach den raren Regenfällen bilden sich rasend schnell wilde und gefährliche Flussläufe.

15 Der Fluss Oranje birgt in seinem Bett kostbare Diamanten. Das lukrativste Abbaugebiet von Südafrikas Diamantenindustrie liegt inmitten einer beeindruckenden Naturlandschaft.

16 Charakteristisch für Springboks Umland sind Extreme: blühende Ebenen im Frühjahr, trockene Halbwüsten im Sommer.

17 Für wenige Wochen im Südfrühling erblüht das sonst so lebensfeindliche Namaqualand zu einem Blumenmeer.

18 Der Küstenort Hondeklipbaai in Namaqualand hat sich seinen eigenen Charakter bewahrt.

19 Richtersveld ist ein abgeschiedenes, überwältigendes Massiv, umgeben von Steinwüsten. Das Land gehört von jeher den nomadischen Namas.

20 Die katholische Kirche „Unbeflecktes Herz Mariä" von Port Nolloth leuchtet in den Nuancen vom Blau des Meeres zu ihren Füßen.

21 Die Einsamkeit Port Nolloth' ist von eigentümlichem Reiz.

23 Einst wurde im Hafen von Port Nolloth Kupfer verschifft. Heute ist es die Zentrale der Diamantenindustrie. 1926 wurde der erste Edelstein südlich der Stadt gefunden.

24 Nur Kleingeld kostet „Namaqua Daisy", ein Getränk aus Weinresten. Sein Genuss verspricht schnellen Rausch und heftigen Kopfschmerz.

25 Der Drugstore mit Tankstelle und Spedition hilft über schlechte Jahre auf der Farm im Bushveld.

26 Viele einstige Besitzer von Farmen entflohen dem extremen Klima. Sie arbeiten heute in den Diamanten- und Kupferminen.

27 Abraumhalden der Diamantenindustrie säumen Hunderte Kilometer Küste. Die Sperrgebiete werden strengstens bewacht.

28 Die obsessive Suche nach Diamanten erschafft neue Landschaftsformen.

29 In der Regenzeit angeschwemmte Bäume sind im Ödland begehrt als Brennholz.

31 Der Oranje-Fluss teilt das Richtersveld in seiner ganzen Länge. Er ist der Grenzfluss zwischen Namibia und Südafrika.

Western Cape

32 & 33 Cape Agulhas, das Kap der Nadeln, wie es die Portugiesen auf ihren Umsegelungen nannten, ist der südlichste Punkt des afrikanischen Kontinents.

36 Hinter dem Piekenaarskloof zeigen sich die Extreme dieses Landes: karges Bergland mit Tälern voller Orangen und Zitronen.

37 Kleine Fischerkaten deuten auf die einstige Erwerbsquelle der Einwohner von Paternoster.

38 Überwindet man die erste Bergkette nach dem Meer, eröffnen sich oft weite Ebenen.

39 Der Golfplatz von Milnerton fasziniert die Spieler durch seine Lage am Meer mit Blick auf Kapstadt.

40 Bo-Kaap war ursprünglich ein in sich geschlossenes muslimisches Viertel. Heute zieht es die junge weiße Mittelschicht an.

41 1086 Meter hoch ist der Tafelberg, der Ausblick überwältigend. Hunderttausende Touristen erobern den Gipfel Jahr für Jahr.

42 Misty Cliffs macht seinem Namen alle Ehre. Ständig liegt ein zarter Salznebel über dem Ort.

43 Um das Kap der Guten Hoffnung ranken sich viele Legenden, auch die vom „fliegenden Holländer".

44 Dieser Blick auf den Tafelberg begeisterte schon die frühen Seefahrer. Wie ein Tischtuch liegen die Wolken auf dem Plateau.

45 Der Badeort Camps Bay ist einer der angesagten Partytreffs am Kap.

46 Bantry Bay an Kapstadts Küste ist begehrt bei allen, die am Wasser wohnen wollen. Ihre Autos parken auf den Dächern der Apartmenthäuser.

47 Im exklusivsten Bowling Club Kapstadts ist nicht nur die Sportkleidung ausschließlich weiß.

48 „Clifton 4" ist der schönste und wohlhabendste Strand in Kapstadt; ein Ort unzähliger Sessions für Mode- und Lifestylefotografen.

49 Franshoek, das einstige Exil der Hugenotten, ist heute eines der besten Weinanbaugebiete.

50 Mit der Ankunft des Exilanten Scheich Yusuf kam 1694 der Islam nach Kapstadt. Sein Grabmal steht in Macassar.

51 Erdacht als schwarzer Strandclub, war „Macassar Beach" ein Fiasko. Kein öffentliches Verkehrsmittel fuhr Gäste je hierher.

52 Infolge der Politik „For Whites Only" wurden einst nichtweiße Einwohner aus Kapstadts Zentrum in die Townships hinter dem Tafelberg umgesiedelt.

53 Khayelitsha, „Neue Heimat" für über eine Million Menschen, ist Kapstadts jüngste Township.

54 Seit dem 16. Jahrhundert war Robben Island Verbannungsort für Diebe, Aufrührer und Leprakranke.

55 27 Jahre verbrachte der erste demokratisch gewählte Präsident Südafrikas, Nelson Mandela, in dieser Zelle auf Robben Island. Sie misst gerade zwei mal drei Meter.

56 Eines der Wahlversprechen des ANC waren gemauerte Häuser mit Wasser und Elektrizität in den Townships.

57 75 Prozent Arbeitslosigkeitsrate in den Townships sind ein kaum zu bewältigendes Erbe der Apartheid mit großer Sprengkraft.

58 Eines von einem Dutzend Grabmäler islamischer Führer am Kap. Die „Kramats" am Signal Hill sind stille Gebetsstätten am Rande von Kapstadt.

59 Weit leuchtet das Kreuz vom Hang. Die Kirche auf einer Farm ist Treffpunkt der Nachbarschaft.

60 In Hermanus, der Bucht der Wale, vermeldet ein Walschreier ihre Ankunft.

61 Victoria Bay ist ein Lieblingsort der Angler und ein Hotspot für Surfer. Sie vor allem ziehen staunende Besucher in Massen an.

62 Glück bedeutet für einen weißen Südafrikaner, ein Haus am Meer zu haben – die wirtschaftliche Grundlage vieler Maurer, Gärtner, Maids und Nannys.

63 Das Sicherheitsbedürfnis der Weißen bringt immer mehr abgeschlossene Wohnburgen hervor.

64 & 65 Wohnen am Meer ist wie überall auf der Welt zumeist eine Frage der finanziellen Mittel. Wie hier in Llandudno ist die Wohnarchitektur auf einem hohen Niveau.

66 Llandudno, der Küstenort in der Nähe von Kapstadt, hat sich Exklusivität bewahrt: kein Geschäft, kein Restaurant, kein touristisches Strandleben.

67 Das Kreuz über Mossel Bay erinnert an die Landung des ersten Europäers in Südafrika.

68 Viele Farmen in Little Karoo wurden nach jahrzehntelangem Kampf mit der Natur aufgegeben.

69 Mitten im Nichts haben Farmer vor 100 Jahren eine Kirche erbaut. Mit ihrem verheißungsvollen Namen ragt sie stolz ins Land: De Hoop, die Hoffnung.

71 Der Leuchtturm von Mossel Bay. Hier landete Bartolomeu Dias 1488 mit seinem Schiff. Nach einer Überlieferung erschoss Dias einen einheimischen Khoikhoi mit der Armbrust. Es war der Beginn jahrhundertelangen gegenseitigen Misstrauens.

72 An den Küsten entlang der Garden Route wechseln sich die lieblichen Sandstrände oft ab mit felsigen Riffen.

73 Die Lagune von Knysna mit den beiden Sandsteinkliffen „The Heads" bot schon den frühen Seefahrern Schutz vor Stürmen.

75 Die in der Lagune von Knysna gezüchteten Austern sind der maritime Schatz der Stadt und machen sie zum touristischen Zentrum der Garden Route.

Eastern Cape

76 & 77 Die Küste von Pondoland in der Nähe des Mkambati-Nationalparks. Die Wellen branden hier an eine gewaltige Abbruchkante. Je nach Tide und Wind stiebt die Gischt bis zu 30 Meter hoch.

80 Seit 1488 sind an der Wild Coast mehr als 1400 Schiffe gestrandet, gesunken, verbrannt oder kollidiert.

81 Carriage Rock, Corner Rock, Rocking Horse, Bull at the Window sind sprechende Namen für die ungewöhnlichen Felsformationen.

82 Der Nationalpark Tsitsikamma, „Das klare Wasser", ist geprägt von Bächen und der eindrucksvollen Mündung des Flusses Storms.

83 Die Strände von Coffee Bay gehören zu den schönsten des Landes. Der Name erinnert an die Fracht eines gesunkenen Schiffes.

84 Gegen den erbitterten Widerstand der Xhosa gründeten Engländer 1812 Grahamstown. Das Denkmal der Besiedlung wird täglich von einer alten Dame und ihrem alten Gärtner gepflegt.

85 Englischer als England wirkt Grahamstown auf den Besucher.

86 Badefreuden erlebt man am Humewood Beach in Summerstrand, der Promenade von Port Elizabeth.

87 Sicher, sauber und weiß – der Traum vom Leben am Meer in einem hermetischen Biotop.

88 & 89 Port Elizabeth ist das Zentrum der Autoindustrie. Die Innenstadt wird durch die Geschäftigkeit schwarzer Händler und ihre Läden belebt. Die weißen Kaufleute gaben die Märkte auf für die Shopping Malls der Vorstädte.

90 & 91 Wechselhaft ist das Wetter an der Wild Coast wie hier bei Lusikisiki – Voraussetzung für den ungeheuren Reichtum an Pflanzen. Auch der berühmte Transkei-Tee hat hier seine Heimat.

92 & 93 Seit viele Farmen auf die Großwildjagd umgestellt haben, erleben Präparatoren eine neue Blüte. Es sind vorwiegend Amerikaner und Europäer, die für ihre Gier nach Trophäen hier teuer bezahlen.

94 Wie hier in Quoko, einem kleinen Ort in der ehemaligen Transkei, findet Handel oft am Rand der Hauptstraße statt.

95 Es qualmt in Hamburg, Eastern Cape. Kontrolliert werden die Felder zur Düngung verbrannt.

96 & 97 Die Wild Coast und ihr Hinterland sind der am wenigsten berührte Teil der Küste Südafrikas, geschützt vor Massentourismus und Industrie. Die Gewässer sind Heimat für eine Vielzahl von Wal- und Delfinarten.

98 In der früheren Transkei verzichten die Menschen auf Zäune – und damit auf Ausgrenzung.

99 Der flache Teil der Küste von Pondoland ist durchzogen von bewaldeten Sümpfen und Schluchten.

100 & 101 Am Samstag wird wie fast überall auf der Welt auch in Port St. Johns Fußball gespielt. Er ist der Sport der schwarzen Bevölkerung und hat eine wichtige soziale Funktion. Cricket und Rugby sind den Weißen vorbehalten.

102 Mehr als 100 Meter Höhe erreichen die Wasserfälle in Pondoland. Manche von ihnen stürzen direkt ins Meer.

103 Die Wälder an der Wild Coast sind unzugängliche Refugien für seltene Tiere und Pflanzen wie den Yellowwood-Baum.

104 Diese 27 Kilometer lange Schlucht ist vollkommen unberührt. Erst seit Kurzem wird sie bedroht durch intensive Forstwirtschaft.

105 Mzimvubu, „Heimat des Flusspferds", heißt der Fluss, über den Frühnebel zum Meer zieht.

KwaZulu-Natal

106 & 107 An der Küste von Maputaland bei der Rocktail Bay Lodge lassen sich von November bis Februar Lederrücken-Seeschildkröten bei der Brut beobachten. Gerade zwei von 1000 Schildkröten schaffen es, zu voller Größe heranzuwachsen – bis zu 600 Kilogramm schwer.

110 Der industrielle Anbau von Eukalyptus zur Papierherstellung entzieht dem Boden viel Wasser. Sein schnelles Wachstum verspricht gute Profite.

111 Zahllose Riffe machen die Sodwana Bay zu einem der schönsten Tauchreviere der Welt.

112 Krokodile und Flusspferde finden sich zuhauf um Kosi Bay und St. Lucia – die einen seit je gefürchtet, die anderen in ihrer Gefährlichkeit unterschätzt.

113 Der St. Lucia Marine Reserve Park beschützt den ältesten Fisch der Welt, den Quastenflosser.

115 Manguzi, der letzte Ort vor der Grenze nach Mosambik, ist eine wichtige Etappe für Durchreisende.

116 Rohrzucker ist ein Wirtschaftsfaktor in KwaZulu. In den Cafés von Durban einen Kaffee oder Tee ohne ihn zu trinken kommt Barbarei gleich.

117 Der San Lameer Country Club ist ein feines Refugium nahe Port Edward.

118 Durban erinnert mit seiner Lage und Beachfront an Miami. Der größte Hafen Afrikas macht es zu einem lebendigen Handelsplatz.

119 Durban ist die Stadt der südafrikanischen Inder. Ihre Geschäfte prägen das Zentrum.

120 Shaka Marine World ist der Vergnügungspark Durbans, sein Aquarium das größte in Afrika.

121 Der Rumpf eines alten Schiffes birgt eine Vielzahl weiterer Aquarien.

123 Der Hafen von Durban ist der größte Afrikas. Sein Containerterminal ist hochmodern und 24 Stunden am Tag in Bewegung.

124 & 125 Mehr als 4500 Schiffe liefen den Hafen von Durban 2006 an, zwei Drittel des gesamten Umsatzes aller südafrikanischen Häfen entstehen hier. Die Chinesen nutzen den Hafen zur Ausfuhr von Rohstoffen aus anderen afrikanischen Ländern.

127 Die Küste nördlich von Kosi Bay ist eine Dünenlandschaft, die bis weit ins Nachbarland Mosambik reicht.

Jörn Vanhöfen, 1961 in Dinslaken geboren, erfuhr seine fotografische Ausbildung an der ehemaligen Folkwangschule sowie an der Hochschule für Grafik und Buchkunst in Leipzig. Er schloss sein Studium in Leipzig 1993 als Meisterschüler ab. Es folgten Werkaufträge in Lissabon und Havanna. Vanhöfen ist Initiator des Forums Fotografie am Schiffbauerdamm (fas) und Mitbegründer der fas-Akademie für Fotografie in Berlin, die er von 2000 bis 2007 leitete. Er kuratiert Ausstellungen und arbeitet als Dozent und Fotograf. Im Jahr 2000 erschien sein Buch „Die Elbe" mit Jens Sparschuh und Walter Kempowski. Seine künstlerischen Arbeiten werden durch die Galerien Römerapotheke, Zürich, und Kuckei+Kuckei, Berlin, vertreten. Vanhöfen lebt in Berlin.

Der Fluggesellschaft LTU sei gedankt für die Unterstützung dieses Projekts durch die großzügige Bereitstellung von Flügen nach Kapstadt. Toyota South Africa gilt mein Dank für die schnelle und unkomplizierte Hilfe. Ohne den zur Verfügung gestellten Toyota 4x4 wären viele Orte gar nicht erreichbar gewesen und somit nicht in diesem Buch im Bild erschienen.

Mein besonderer Dank gilt Nikolaus Gelpke, auf dessen verlegerischer Idee und persönlichem Vertrauen und Engagement dieses Buch fußt.
Danken möchte ich auch Wolfgang Leitner in Kapstadt und John Costello an der Wild Coast, ohne die vieles nicht möglich gewesen wäre, Sabine Lenkmann für 1001 gute Gespräche, Zora del Buono, Gordon Salgado, Gregor Brandler, Yassier Booley, Philippe Rey, Ben und Hannes Kuckei. Barbara Thiel danke ich für ihr sicheres Gefühl, meine Negative zu interpretieren und sie durch Vergrößern positiv aussehen zu lassen.
Schließlich möchte ich meine tief empfundene Liebe jenen Menschen aussprechen, denen ich so viel verdanke, Anna Vanhöfen, Sabine, Gina, Tim, Konstantin, Monika und Frank de Lede.

In den wenigen verbliebenen Bilddokumenten aus dem Leben meines Vaters ist erkennbar, mit welcher Freude und positiver Energie er Seemann gewesen ist. Das Kap der Guten Hoffnung war für ihn von allen Orten ein besonderer. Dieses Kap mehrmals mit dem Dreimaster umsegelt zu haben war sein größtes Glück. Den Moment habe ich an einem stürmischen Morgen an jenem Ort mit ihm innerlich geteilt. Dieses Buch ist in tiefer Verbundenheit meinem Vater Herbert Vanhöfen gewidmet.

Jörn Vanhöfen

Herausgeber
Nikolaus Gelpke

Fotografie
Jörn Vanhöfen
Jochen Füselbeck (Porträt)

Gestaltung
Simone Hoschack

Bildredaktion
Barbara Stauss

Texte
Zora del Buono
Jörn Vanhöfen (Appendix)

Redaktion
Karl J. Spurzem

Karte
Peter Palm

Satz / Reproduktion / Produktion
MetaServices, Berlin

Druck
Bosch-Druck, Landshut

Bindung
Conzella Verlagsbuchbinderei, Aschheim-Dornach bei München

Papier
Zur Verwendung kam EuroArt plus silk.

Drucktechnik
Dieses Buch wurde mit der hochpigmentierten Farbserie „NovaArt®" im 120-L/cm-Feinraster produziert.

Pickhuben 2
20457 Hamburg
Telefon +49 40 36 98 59 0
Fax +49 40 36 98 59 90
www.mare.de

ISBN 978-3-936543-94-0